Jeitos de Crer

Sendo gente

1º ano

Ensino Fundamental

Dora Incontri

Jornalista, mestre, doutora e pós-doutora em História e Filosofia da Educação pela USP. Autora e editora, professora da pós-graduação da Unisanta (Universidade Santa Cecília).

Alessandro Cesar Bigheto

Pedagogo, mestre em História da Educação pela Unicamp, membro do grupo de pesquisa Histedbr (Unicamp), autor e professor de filosofia.

editora ática

Gerente Editorial
Márcia Takeuchi

Editor
Luiz Tonolli

Coordenação da edição e edição de texto
Samir Thomaz

Preparação de texto
Cláudia Cantarin

Revisão
Hélia de Jesus Gonsaga (ger.)
Kátia Scaff Marques (coord.)
Daniel de Febba Santos
Ivana Alves Costa

Pesquisa iconográfica
Sílvio Kligin (superv.)
Jaime Yamane

Edição de arte
Margarete Gomes Rivera (superv.)
André Vitale

Programação visual
André Vitale
Liliam Lungarezi

Editoração eletrônica
André Vitale
Art Feita Design Gráfico
Liliam Lungarezi

Ilustrações
Paulo Brabo (Têmpera Editora)
Camila Godoy

1ª edição
2ª impressão
CAE: 244175AL / 244176PR
Cód. de obra CL 736127

ISBN 978-85-08-12169-4 (aluno)
ISBN 978-85-08-12170-0 (professor)

2014

Av. Otaviano Alves de Lima, 4400 – 5º andar e andar intermediário Ala A
Freguesia do Ó – CEP 02909-900
São Paulo – SP
Tel.: 0800 115152 – Fax: 0(XX)11 3990-1616
www.atica.com.br
editora@atica.com.br

Impressão e acabamento
Digital Page Gráfica e Editora S.A.
CNPJ 10.752.175/0002-90

Apresentação

As histórias que vocês lerão neste livro se passam em algum lugar do Brasil, numa escola muito diferente, chamada Escola da Tia Sofia. As crianças que vocês vão encontrar aqui são crianças iguais a todas. Mas como estudam na Escola da Tia Sofia, elas fazem o que outras crianças não têm oportunidade de fazer.

É que, na Escola da Tia Sofia, elas podem escolher o que estudar, o que pesquisar, o que discutir. Os professores não ensinam, só ajudam os alunos a aprender por eles mesmos. Não há salas de aula com lousa e carteiras. Contam que na Escola da Tia Sofia há salas cheias de objetos interessantes, como livros, computadores com internet, quadros, aparelho de DVD, material para fazer arte, e que, do lado de fora, há jardins floridos, com árvores frutíferas. Tudo é muito bonito, colorido, arrumado. E dizem também que fatos mágicos acontecem nessas salas especiais. Nós vamos ver se isso é mesmo verdade.

Nessa escola, há uma turma muito simpática, com crianças de idades diferentes, que se reúne para estudar temas interessantes. Quando começam a conversar e a pesquisar, muita coisa acontece. Os assuntos são variados, porém sempre têm a ver com religião. Não uma religião, mas várias. Esses alunos querem saber de tudo, fuçam tudo quanto é religião do mundo, tudo quanto é ideia, tudo quanto é cultura. São uns meninos danados de curiosos!

Eles se chamam Mirela, Bantinho, Uirá, Muhamed, Davi e Susi. Como bons brasileiros, descendem de povos diferentes, mas se dão muito bem, porque se respeitam e se gostam! E você também vai gostar deles.

Boa diversão e bom aprendizado!

NOSSA ESCOLA É A ESCOLA DA TIA SOFIA.
É UM LUGAR DIFERENTE. AQUI A GENTE ESCOLHE O QUE ESTUDAR. NESTE ANO NÓS ESCOLHEMOS ESTUDAR COM VOCÊS PARA APRENDER IDEIAS QUE VÃO MELHORAR O MUNDO!

ESTAMOS AQUI PARA LEVAR VOCÊS A UM PASSEIO POR ESTE LIVRO!

VAMOS FALAR SOBRE MUITA COISA LEGAL!

VAMOS FAZER POESIA E CANTAR!

VAMOS APRENDER COISAS QUE VOCÊS NEM IMAGINAM!

E VAMOS FALAR SOBRE COISAS INTERESSANTES DE SABER...

COISAS DO BRASIL E COISAS DO MUNDO!
COISAS DO PASSADO E COISAS DE HOJE!

ASSUNTOS DA VIDA, ASSUNTOS DO BEM,
ASSUNTOS DE DEUS, ASSUNTOS DA PAZ!

ENTÃO, VAMOS COMEÇAR?

Sumário

Conheça o seu livro

Ao longo deste volume, você encontrará vinhetas que indicam atividades específicas do livro. Fique atento a elas e bom estudo!

Pinte o sete! Espaço em branco para que você faça um desenho sobre algum assunto do livro.

Vamos conversar! Aqui você responde a perguntas específicas do capítulo com suas próprias palavras.

Cante com a gente!

Aqui você tem a letra de uma canção.

VIVER É MUITO BOM!

1

HOJE EU ACORDEI CONTENTE!
POR QUÊ? GANHOU UM PRESENTE?
NENHUM PRESENTE COMPRADO. ESTOU CONTENTE PORQUE TENHO UMA VIDA BOA!
EU TAMBÉM TENHO UMA VIDA BOA! ADORO MÚSICA E DANÇA.

A TURMA DE MIRELA FICOU MUITO TEMPO FALANDO DE TODAS AS COISAS GOSTOSAS, BONITAS E INTERESSANTES QUE A VIDA TEM.

POESIA DA VIDA

A VIDA É COISA BONITA!
FOI DEUS QUEM DEU DE PRESENTE
O MAR, AS FLORES, O CÉU
E O AMOR QUE A GENTE SENTE!

VIDA É BOA DE SE VIVER
SE A GENTE VIVE COM JEITO,
JEITO ALEGRE, COM BONDADE,
FAZENDO TUDO DIREITO!

ESSA VIDINHA QUE EU TENHO,
QUE ACABEI DE COMEÇAR,
VOU PINTAR DE MUITAS CORES
E UM FUTURO BOM TRAÇAR!

QUERO PLANTAR MUITO VERDE,
QUERO AJUDAR MUITA GENTE,
QUERO APRENDER MUITA COISA,
QUERO SER LIVRE E CONTENTE.

ETA! VIDA, COISA BOA,
BEM EM FRENTE AO MEU NARIZ!
VOU SER PESSOA QUE FAZ
OUTRA PESSOA FELIZ!

CANTE COM A GENTE!

BATE O CORAÇÃO

TIQUE-TAQUE, TIQUE-TAQUE, BATE O CORAÇÃO,
QUANDO VEJO O SOL SURGINDO,
BRILHA A IMENSIDÃO!
TIQUE-TAQUE, TIQUE-TAQUE, BATE O CORAÇÃO,
TIQUE-TAQUE, TIQUE-TAQUE, SOL NA IMENSIDÃO!

TIQUE-TAQUE, TIQUE-TAQUE, BATE O CORAÇÃO,
QUANDO VEJO UM BOM AMIGO
VIR ME DAR A MÃO!
TIQUE-TAQUE, TIQUE-TAQUE, BATE O CORAÇÃO,
TIQUE-TAQUE, TIQUE-TAQUE, VEM ME DAR A MÃO!

TIQUE-TAQUE, TIQUE-TAQUE, BATE O CORAÇÃO,
QUANDO VOU CORRENDO, RINDO,
E DOU UM ESCORREGÃO!
TIQUE-TAQUE, TIQUE-TAQUE, BATE O CORAÇÃO,
TIQUE-TAQUE, TIQUE-TAQUE, AI, QUE ESCORREGÃO!

TIQUE-TAQUE, TIQUE-TAQUE, BATE O CORAÇÃO,
BATE, PULA, DÓI E FALA JUNTO COM A EMOÇÃO!
TIQUE-TAQUE, TIQUE-TAQUE, BATE O CORAÇÃO,
TIQUE-TAQUE, TIQUE-TAQUE, NOSSA, QUE EMOÇÃO!

(MÚSICA E LETRA: DORA INCONTRI.)

PINTE O SETE!

- PEGUE REVISTAS VELHAS, TESOURA E COLA E FAÇA AQUI UMA COLAGEM DE TUDO O QUE VOCÊ MAIS GOSTA NA VIDA! A COLAGEM PODE SER DE IMAGENS OU DE PALAVRAS.

VAMOS CONVERSAR!

- VOCÊ ACHA BOM VIVER? POR QUÊ?
- HÁ ALGUMA COISA QUE VOCÊ GOSTARIA DE MUDAR NA SUA VIDA? O QUE SERIA?
- VOCÊ AGRADECE A DEUS PELA SUA VIDA?

PEQUENA ORAÇÃO

PARA VOCÊ ORAR, SE QUISER:

MUITO OBRIGADO PELA VIDA QUE GANHEI!
PELA MINHA FAMÍLIA, PELOS MEUS AMIGOS!
POR TUDO DE BOM QUE EU TENHO!
POR TUDO DE BOM QUE EU POSSO FAZER!

PEÇA PARA ALGUÉM LER

- ... AO LER O LIVRO *O DECRETO DA ALEGRIA*, DE RUBEM ALVES, DA EDITORA PAULUS, A GENTE PERCEBE QUE A VIDA É FEITA DE ALEGRIAS E TRISTEZAS, MAS QUE NÃO PODEMOS VIVER SEM AS TRISTEZINHAS, PORQUE ELAS FAZEM PARTE DO NOSSO CORAÇÃO. PENSE NISSO!

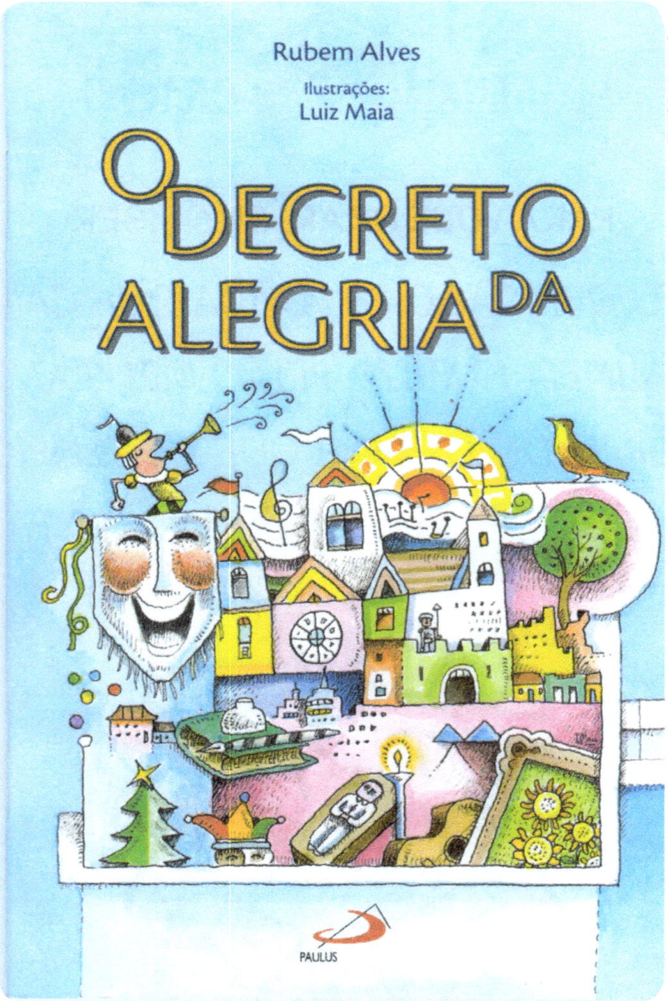

EDITORA PAULUS

Capa do livro *O decreto da alegria*, de autoria de Rubem Alves (ilustrações de Luiz Maia). Editora Paulus, 3. edição, 2006.

VIVER BEM É MELHOR AINDA!

2

TODO MUNDO VIVE, MAS NEM TODO MUNDO GOSTA DE VIVER!
É VERDADE! É PORQUE EXISTEM COISAS RUINS NO MUNDO!
É... TEM COISAS QUE ESTRAGAM A ALEGRIA DA VIDA!
MAS...QUAIS COISAS?

AH! GENTE PASSANDO FOME, GENTE FAZENDO GUERRA, GENTE MATANDO GENTE, GENTE SOFRENDO DE ALGUMA DOENÇA — TUDO ISSO É TRISTE.
E O QUE NÓS PODEMOS FAZER?
ACHO QUE FAZER BOAS COISAS AJUDA.
QUEM AJUDA A MELHORAR A VIDA DE ALGUÉM PELO MENOS SE SENTE MELHOR.

POESIA DO BEM VIVER

A GENTE NASCE NO MUNDO
PARA SER GENTE DE BEM!
AJUDAR A QUEM PRECISA,
DAR AMOR A QUEM NÃO TEM!

A GENTE PASSA NA VIDA,
NÃO PODE PASSAR À TOA!
TEM QUE APROVEITAR O DIA
PARA APRONTAR COISA BOA!

QUE É FAZER COISA BOA?
É TRATAR BEM DOS ANIMAIS,
É TRATAR BEM DAS PESSOAS,
É SER PESSOA DE PAZ!

É GOSTAR DE TODO MUNDO,
É DAR SORRISO E CARINHO!
É SEMEAR MUITAS FLORES
ONDE PASSAR NO CAMINHO!

A TURMA DE AMIGOS FOI PROCURAR SABER SOBRE PESSOAS QUE PASSARAM A VIDA FAZENDO COISAS BOAS. ELAS SERVEM DE EXEMPLO PARA TODO MUNDO.

HOMENS E MULHERES BONS!

ALBERT SCHWEITZER

Este grande homem viveu noventa anos, de 1875 a 1965.

FOI UM MÚSICO ALEMÃO MUITO FAMOSO, QUE TOCAVA ÓRGÃO COMO NINGUÉM E FAZIA CONCERTOS NO MUNDO INTEIRO. AOS 30 ANOS, ELE TOMOU UMA DECISÃO: DEIXOU A CARREIRA DE MÚSICO E FOI ESTUDAR MEDICINA. SABE PARA QUÊ? PARA IR ATÉ A ÁFRICA, ONDE HAVIA MUITAS PESSOAS DOENTES E QUASE NENHUM HOSPITAL. COM SUA MULHER, QUE ERA ENFERMEIRA, FUNDOU UM GRANDE HOSPITAL NO MEIO DA FLORESTA DE UM PAÍS ATUALMENTE CHAMADO GABÃO. E, ALÉM DE CUIDAR DOS DOENTES, AINDA TOCAVA PIANO PARA ELES...

MARTIN LUTHER KING

Martin Luther King dedicou sua vida à luta pela igualdade entre os homens.

FILHO DE UM PASTOR PROTESTANTE NORTE-AMERICANO, NASCEU EM 1929. DESDE CRIANÇA SENTIU COMO OS NEGROS ERAM MALTRATADOS NOS ESTADOS UNIDOS: ELES NÃO PODIAM SENTAR JUNTO COM OS BRANCOS NOS ÔNIBUS, NEM ENTRAR NOS MESMOS RESTAURANTES, NEM FREQUENTAR AS MESMAS ESCOLAS. ISSO SE CHAMA RACISMO. MARTIN LUTHER KING DECIDIU DEDICAR SUA VIDA À CAUSA DOS NEGROS, PARA QUE FOSSEM RESPEITADOS. ELE ORGANIZOU UM GRANDE MOVIMENTO PELOS DIREITOS DOS DESCENDENTES DE AFRICANOS, MAS NUNCA USOU DE VIOLÊNCIA. CONSEGUIU MUDAR AS LEIS DO SEU PAÍS, PORÉM MORREU ASSASSINADO EM 1968 – EM NOME DA PAZ.

IRMÃ DULCE

Chamada de "o anjo bom" da Bahia, Irmã Dulce viveu de 1914 a 1992.

RELIGIOSA BRASILEIRA, NASCIDA NA BAHIA, CUJO VERDADEIRO NOME ERA MARIA RITA DE SOUZA LOPES PONTES. DESDE CRIANÇA, ELA REZAVA A DEUS PARA TER UMA VIDA DEDICADA AO BEM. AOS 13 ANOS, JÁ AJUDAVA OS MENDIGOS DA RUA. QUANDO SE TORNOU ADULTA, FOI SER FREIRA (RELIGIOSA CATÓLICA) E PASSOU A VIDA A FAZER OBRAS PARA O BEM DAS PESSOAS POBRES. FUNDOU UM HOSPITAL E UMA ESCOLA, NOS QUAIS SÃO OFERECIDOS VÁRIOS TRABALHOS GRATUITOS. NO BRASIL, INFELIZMENTE, NÃO HÁ ESCOLAS E HOSPITAIS PARA TODO MUNDO, PRINCIPALMENTE PARA OS MAIS POBRES. IRMÃ DULCE TENTOU FAZER ALGUMA COISA PARA CONSERTAR ISSO. ERA UMA MULHER MUITO DOCE, COMO SEU NOME RELIGIOSO DIZ – "DULCE".

CANTE COM A GENTE!

SKIBÃO!

QUE É QUE ESTÁ ACONTECENDO, AQUI DENTRO
DO MEU...
QUEM É QUE ESTÁ FALANDO, AQUI DENTRO DO
MEU CORAÇÃO?
SKIBÃO, SKIBÃO, BÃO, BÃO!
SKIBÃO, SKIBÃO, BÃO...
UM DIA, Ô, Ô, Ô, Ô,
QUANDO AMOR EU PROCURAVA, Ô, Ô, Ô, Ô,
NÃO SABIA QUE ELE ESTAVA
DENTRO DO MEU CORAÇÃO!
SKIBÃO, SKIBÃO, BÃO, BÃO!
SKIBÃO, SKIBÃO, BÃO...
E AGORA, Ô, Ô, Ô, Ô,
ELE QUE ME AMOU PRIMEIRO, Ô, Ô, Ô, Ô,
DE UM AMOR TÃO VERDADEIRO,
QUER SER AMADO PELO IRMÃO,
SKIBÃO, SKIBÃO, BÃO, BÃO!
SKIBÃO, SKIBÃO, BÃO, BÃO!

(CANÇÃO POPULAR, AUTORIA ANÔNIMA.)

VAMOS CONVERSAR!

- VOCÊ ACHOU BONITAS AS HISTÓRIAS DE VIDA QUE ESTUDOU AQUI? O QUE ELAS TÊM DE ESPECIAL NA SUA OPINIÃO?
- E VOCÊ, O QUE SONHA FAZER NA VIDA?

PERGUNTE A SEUS PAIS, TIOS OU AVÓS!

FAÇA A ALGUM PARENTE SEU AS SEGUINTES PERGUNTAS:

- *VOCÊ ESTÁ CONTENTE COM A VIDA QUE TEM?*
- *EXISTE ALGUMA COISA QUE VOCÊ MUDARIA NA SUA VIDA?*
- *O QUÊ?*

DEPOIS, TRAGA A RESPOSTA PARA SEUS AMIGOS EM SALA DE AULA.

FAÇA DE CONTA...

- VAMOS FAZER UM TEATRO COM FANTOCHES DE PAPEL? NO FINAL DO LIVRO VOCÊ ENCONTRA OS PERSONAGENS DESTE CAPÍTULO. RECORTE-OS COM CUIDADO, COLE CADA UM NUM PALITO DE SORVETE E FAÇA UMA HISTÓRIA COM SEUS AMIGOS.

PEQUENA ORAÇÃO

PARA VOCÊ ORAR, SE QUISER:

QUE EU POSSA TER UMA VIDA BONITA,
QUE AJUDE MUITA GENTE E SEJA FELIZ!
QUE EU TENHA UM CORAÇÃO GRANDE
E UM OLHAR DE PAZ!

É BOM SER BOM!

3

EU GOSTARIA DE TER UMA VIDA BONITA, COMO ESSAS QUE NÓS VIMOS!
EU TAMBÉM!
SERÁ QUE QUALQUER PESSOA PODE SER COMO A IRMÃ DULCE OU COMO MARTIN LUTHER KING?

EU ACHO QUE SIM! A GENTE PODE SER O QUE QUISER NA VIDA! É SÓ FAZER FORÇA E TER VONTADE!
ENTÃO VAMOS FAZER FORÇA PARA TER UMA GRANDE VIDA!
OLHA SÓ, GENTE, QUE HISTORIAZINHA BONITA SOBRE UMA OVELHA MUITO SOFRIDA! ELA FOI PEDIR A JÚPITER, DEUS DOS ROMANOS ANTIGOS, PARA MUDAR DE VIDA.

UMA OVELHINHA VIVIA NUMA REGIÃO MONTANHOSA, COM POUCAS ÁRVORES. ELA SOFRIA DEMAIS, PERSEGUIDA POR OUTROS ANIMAIS. UMA ÁGUIA SOBREVOAVA MUITAS VEZES O TERRENO E A OVELHINHA ERA OBRIGADA A ESCONDER SEU FILHOTE. PRECISAVA PRESTAR ATENÇÃO PARA QUE O LOBO TAMBÉM NÃO OS ACHASSE.

ALÉM DISSO, ERA REALMENTE UM MILAGRE QUE O URSO, DO FUNDO DA MATA, AINDA NÃO A TIVESSE DESCOBERTO COM SUAS GARRAS GIGANTES. NUM DOMINGO, A OVELHA DECIDIU IR ATÉ O DEUS DO CÉU E PEDIR A SUA AJUDA.

HUMILDE, ELA COMPARECEU DIANTE DE JÚPITER E DESCREVEU SEU SOFRIMENTO.

APÓS OUVI-LA, O DEUS FALOU AMIGAVELMENTE:

— EU CONCORDO, MINHA QUERIDA CRIATURA, QUE EU CRIEI VOCÊ MUITO DESPROTEGIDA, POR ISSO QUERO AMPARÁ-LA.

MAS VOCÊ TEM QUE ESCOLHER QUAL A ARMA QUE EU DEVO LHE DAR PARA VOCÊ SE DEFENDER. QUER QUE EU ARME A SUA MORDIDA DE GRANDE FORÇA E DENTES AFIADOS E OS SEUS PÉS DE GARRAS PONTUDAS?

A OVELHA SACUDIU A CABEÇA E RESPONDEU:

— Ó, NÃO, BONDOSO PAI, EU NÃO QUERO TER NADA IGUAL ÀS FERAS SELVAGENS E ASSASSINAS.

— DEVO ENTÃO COLOCAR VENENO NA SUA BOCA?

A OVELHA RECUOU UM PASSO SÓ DE IMAGINAR ISSO.

— NÃO, POR FAVOR, GENEROSO SENHOR. OS ANIMAIS VENENOSOS SÃO ODIADOS EM TODA PARTE.

— ENTÃO, O QUE VOCÊ QUER? – PERGUNTOU JÚPITER, PACIENTE. — EU PODERIA COLOCAR CHIFRES NA SUA CABEÇA. ISSO AGRADARIA VOCÊ?

A OVELHA RECUSOU TIMIDAMENTE:

— TAMBÉM NÃO, POR FAVOR... COM CHIFRES, EU PODERIA ME TORNAR TÃO BRIGUENTA E RAIVOSA QUANTO UM BODE.

ENTÃO JÚPITER ENSINOU ÀQUELA DOCE CRIATURA:

— MINHA QUERIDA OVELHA, SE VOCÊ NÃO QUISER QUE NINGUÉM LHE FAÇA MAL, PRECISA VOCÊ MESMA, PELA FORÇA, FAZER MAL AOS OUTROS.

— PRECISO MESMO? – SUSPIROU A OVELHA E FICOU PENSATIVA. DEPOIS DE UM CERTO TEMPO, ELA DISSE:

— GENEROSO PAI, DEIXE-ME ENTÃO SER ASSIM COMO SOU. ACHO QUE EU NÃO USARIA AS ARMAS APENAS PARA DEFESA; A FORÇA E AS ARMAS LOGO DESPERTARIAM EM MIM A VONTADE DE ATACAR.

JÚPITER LANÇOU UM OLHAR CHEIO DE AMOR SOBRE A OVELHA E ELA VOLTOU ÀS MONTANHAS. DESDE ENTÃO, NUNCA MAIS RECLAMOU DE SEU DESTINO.

(FÁBULA DE EPHRAIM LESSING, ESCRITOR ALEMÃO DO SÉCULO XVIII, TRADUZIDA DO ALEMÃO POR DORA INCONTRI E ADAPTADA PARA FINS DIDÁTICOS.)

PINTE O SETE!

UTILIZE ESTE ESPAÇO PARA ILUSTRAR O QUE VOCÊ MAIS GOSTOU NA HISTÓRIA DA OVELHINHA. PINTE COM GIZ OU LÁPIS DE COR. E, SE QUISER, DÊ UM NOME PARA A OVELHA E SEU FILHOTINHO.

A HISTÓRIA DA OVELHINHA É DE FAZ DE CONTA, MAS HOUVE PESSOAS NO MUNDO QUE FORAM TÃO BOAS COMO ESSE PEQUENO ANIMAL. ELAS NUNCA USARAM NENHUM TIPO DE VIOLÊNCIA, SÓ QUE MESMO ASSIM FORAM PERSEGUIDAS, COMO ACONTECEU COM A OVELHA.

VAMOS CONHECER DUAS DAS MAIORES PESSOAS DE TODOS OS TEMPOS. DEPOIS DE MAIS DE DOIS MIL ANOS, ESSES HOMENS TÊM MILHÕES DE SEGUIDORES NO MUNDO INTEIRO.

BUDA — O PRÍNCIPE QUE DEIXOU SUAS RIQUEZAS PARA AJUDAR AS PESSOAS QUE SOFREM

NA VELHA ÍNDIA, 2600 ANOS ATRÁS, NASCEU SIDARTA, O FILHO DE UM GRANDE REI. O JOVEM VIVIA CERCADO DE LUXO E RIQUEZA, MAS UM DIA RESOLVEU SAIR DO PALÁCIO PARA CONHECER O MUNDO. E O QUE VIU? PESSOAS SOFRENDO, PASSANDO FOME, MUITA VIOLÊNCIA... ENTÃO ELE RESOLVEU DEIXAR O SEU PALÁCIO, A SUA FAMÍLIA, TODA A SUA RIQUEZA, PARA VIVER POBRE, MUITO POBRE, NO MEIO DO POVO. E O QUE SIDARTA PRETENDIA COM ISSO? SEU DESEJO ERA AJUDAR O POVO A NÃO SOFRER MAIS. ENSINAR A TODO MUNDO UM CAMINHO DE PAZ, SEM VIOLÊNCIA. TORNOU-SE BUDA, "O ILUMINADO". ELE TINHA MUITA COMPAIXÃO POR TODOS OS SERES VIVOS – TANTO HOMENS COMO ANIMAIS. E OS BUDISTAS ACREDITAM QUE ELE AINDA CONTINUA AJUDANDO O MUNDO.

JESUS — O FILHO DE UM CARPINTEIRO QUE MUDOU O MUNDO

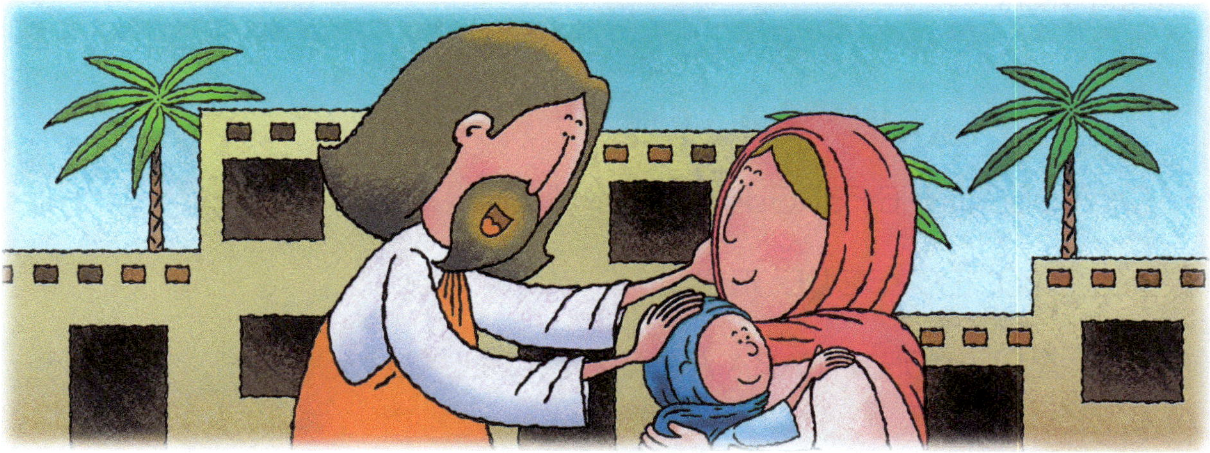

HÁ DOIS MIL ANOS, VIVEU ENTRE OS JUDEUS, O POVO DE ISRAEL, JESUS DE NAZARÉ. ERA UM HOMEM TÃO DIFERENTE QUE MUDOU A HISTÓRIA DO MUNDO. MUITA GENTE ACHA QUE ELE É DEUS FEITO DE CARNE E OSSO. OUTROS ACREDITAM QUE É UMA PESSOA QUE FOI MANDADA POR DEUS, SEM SER O PRÓPRIO DEUS. ELE NASCEU POBRE, FILHO DE UM CARPINTEIRO E DE MARIA DE NAZARÉ. QUANDO SE TORNOU MOÇO, SAIU A FALAR POR TODA A PARTE SOBRE O AMOR E A BONDADE. ALÉM DE FALAR SOBRE ISSO, ELE FAZIA COISAS MARAVILHOSAS. CURAVA CEGOS, PARALÍTICOS, DOENTES DE TODO JEITO. APENAS COLOCAVA A SUA MÃO SOBRE AS PESSOAS E ELAS MELHORAVAM! ADORAVA AS CRIANCINHAS, CONVERSAVA COM TODOS. ATÉ QUE UM DIA, HOMENS MAUS O PRENDERAM, O PUSERAM NUMA CRUZ E O MATARAM. MAS ELE NÃO SE DEU POR VENCIDO. PRIMEIRO, PERDOOU A TODOS E DEPOIS DE TRÊS DIAS REVIVEU E APARECEU PARA OS AMIGOS, DIZENDO QUE A MORTE NÃO EXISTE.

VIAJANDO PELAS CORES...

- VEJA AS IMAGENS DE BUDA E DE JESUS CRISTO AO LONGO DA HISTÓRIA.

PERGUNTE A SEUS PAIS, TIOS OU AVÓS!

FAÇA A SEGUINTE PERGUNTA A UM DE SEUS PARENTES:

- O QUE VOCÊ SABE DE JESUS?

TRAGA A RESPOSTA PARA A SALA DE AULA E MOSTRE-A A SEUS AMIGOS.

FAÇA DE CONTA...

- ... QUE VOCÊ É UM ESCULTOR. COM MASSINHA DE MODELAR, FAÇA UMA ESTÁTUA DE BUDA OU UMA CRUZ DE JESUS – A PRIMEIRA É O SÍMBOLO DO BUDISMO, E A SEGUNDA, DO CRISTIANISMO. VOCÊ PODE SE INSPIRAR NAS IMAGENS QUE VIU NO CD OU NA SUA PRÓPRIA IMAGINAÇÃO!

COMO SER BOM?

4

EU ACHO QUE SER BOM NÃO É SÓ SER BONZINHO!
CONCORDO! SER BONZINHO É SER CALADINHO, QUIETINHO, NO SEU CANTINHO!
BONZINHO PARECE BOBINHO!

A GENTE PODE CORRER, BRINCAR, PULAR, FALAR MUITO E SER BOM!
CLARO! NÓS SOMOS CRIANÇAS!
ACHO QUE SER BOM É PARTICIPAR, COLABORAR, FAZER COISAS!

A TURMA DE MIRELA ACHOU ESTA FÁBULA, QUE MOSTRA QUE AJUDAR OS OUTROS É MAIS INTELIGENTE DO QUE SER EGOÍSTA:

O BURRO E O CAVALO

É PRECISO NESTE MUNDO
SEMPRE O OUTRO SOCORRER,
PESOS QUE NÃO DIVIDIMOS
PODERÃO NOS ABATER.

UM BURRO E UM CAVALO AO LADO
CAMINHAVAM PELA ESTRADA,
O BURRO COM PESO ENORME
E O OUTRO LEVE, SEM NADA.

O BURRO QUASE MORRENDO
DIZ AO CAVALO FOLGADO:
— DIVIDAMOS ESSE PESO,
SENÃO, EU MORRO ESFOLADO!

— PEÇO-TE QUE ME ALIVIES
E MEU PEDIDO É ATÉ JUSTO!
METADE DA MINHA CARGA
CARREGARÁS TÃO SEM CUSTO!

RIU-SE O CAVALO SEM PENA
E RECUSOU-SE A AJUDAR!
MAS LOGO ADIANTE JÁ IRIA
SEU EGOÍSMO PAGAR.

CAIU ESGOTADO O BURRO,
MAIS PARECIA UM BAGAÇO,
NÃO AGUENTOU PROSSEGUIR,
MORREU DE TANTO CANSAÇO.

E O CAVALO QUE NÃO IA
CARREGAR NEM UM POUQUINHO
FOI OBRIGADO A LEVAR
TODA A CARGA NO CAMINHO.

(FÁBULA DE ESOPO, TRANSFORMADA EM POESIA POR LA FONTAINE. VERSÃO DE DORA INCONTRI.)

AS CRIANÇAS CONCLUÍRAM QUE PODIAM SER BOAS COM PEQUENAS ATITUDES: OFERECER UM COPO DE ÁGUA A QUEM ESTÁ COM SEDE, FAZER UM CARINHO EM QUEM ESTÁ TRISTE, CARREGAR UM PACOTE PARA QUEM ESTÁ CANSADO, DAR ALGO PARA QUEM PRECISA, AGRADECER COM BEIJOS E ABRAÇOS A QUEM NOS FAZ O BEM...

E, QUANDO FOREM ADULTAS, PODERÃO AINDA FAZER COISAS MAIORES, COMO TOMAR CONTA DA NATUREZA, DEIXAR O MUNDO MAIS BONITO, CUIDAR DAS PESSOAS...

POESIA SOBRE SER BOM

QUANDO AJUDAMOS ALGUÉM,
DÁ UM CALORZINHO TÃO BOM
LÁ DENTRO DO CORAÇÃO!
E PARA FAZER O BEM,
CADA UM TEM O SEU DOM
NA BOCA, CABEÇA OU MÃO!

ALGUNS PODEM PLANTAR ÁRVORES,
OUTROS CRIAM BELA ARTE,
E HÁ OS QUE FAZEM CONSTRUÇÕES.
HÁ OUTROS QUE CURAM DORES,
E OS QUE CUMPREM SUA PARTE
EM DIVERSAS VOCAÇÕES!

MAS NÃO FAZ BEM VERDADEIRO
QUEM SÓ QUER APARECER,
QUEM SÓ QUER GANHAR VANTAGEM!
QUEM SÓ PENSA NO DINHEIRO,
QUEM NÃO SABE OFERECER
O AMOR COMO MENSAGEM!

VOCÊ PODE...

- FAZER UM CARTÃO BEM BONITO, COM DESENHOS E UMA FRASE ESPECIAL, E ENTREGÁ-LO PARA UMA PESSOA QUE VOCÊ AMA.

ESCREVA AQUI!

- ESCREVA AQUI AS BOAS AÇÕES QUE VOCÊ PODE FAZER NO SEU BAIRRO, NA SUA ESCOLA, NA SUA CASA!

____

____

____

____

____

____

PEQUENA ORAÇÃO

PARA VOCÊ ORAR, SE QUISER:

DEUS QUERIDO,
MEU PAI E MEU AMIGO,
QUE EU SEJA UMA CRIANÇA LEGAL
E UM ADULTO AINDA MELHOR!
SEMPRE ESPALHANDO COISAS BOAS
AO MEU REDOR!

ÇANTE ÇOM A GENTE!

O CAVALO SE DEU MAL PORQUE FOI PREGUIÇOSO, PORQUE NÃO QUIS AJUDAR O BURRICO, JÁ QUE ISSO DARIA MUITO TRABALHO! A MÚSICA ABAIXO É "ESPANTA-PREGUIÇA"!

SAI PREGUIÇA

A DANADA DA PREGUIÇA PODE SER UMA DOENCINHA
QUE PEGA NOS ADULTOS E TAMBÉM NAS CRIANCINHAS.
DÁ UMA MOLEZA SÓ QUERENDO ESPREGUIÇAR.
E SÓ DE FALAR NELA DÁ VONTADE DE DEITAR.

SAI PREGUIÇA!
VAI TE CATAR!

SAI PREGUIÇA!
AQUI NÃO TEM LUGAR!

SAI PREGUIÇA!
COMIGO NÃO TEM VEZ!

SAI PREGUIÇA!
VAI PEGAR OUTRO FREGUÊS!

TIQUE TIQUE TIQUE TIQUE TIQUE TIQUETÁ,
SAI PREGUIÇA EU PRECISO TRABALHAR!

(MARIA CELESTA DA SILVA. PALAVRA CANTADA. CD *LIVRO CANÇÕES DO BRASIL*.)

PARA QUE SERVE A ORAÇÃO?

5

OLHA SÓ, PESSOAL! AQUI NO JORNAL ESTÁ DIZENDO QUE O POVO BRASILEIRO REZA MUITO!
NÃO É SÓ O POVO BRASILEIRO, NÃO! GENTE DO MUNDO INTEIRO FAZ AS SUAS ORAÇÕES!
E PARA QUE SERVE A ORAÇÃO?

SERVE PARA AGRADECER E TAMBÉM PARA PEDIR! MAS NÃO PEDIR COISAS COMPRADAS!
É ISSO MESMO! PODEMOS PEDIR SAÚDE E UMA VIDA BOA, UM OLHARZINHO DE DEUS POR NÓS. MAS PEDIR UMA FERRARI PARA DEUS, ISSO NÃO TEM NADA A VER!
A PRECE PODE SER TAMBÉM SÓ UMA CONVERSA GOSTOSA COM DEUS, COMO A GENTE CONVERSA COM UM AMIGO.

POESIA SOBRE A PRECE NO MUNDO

NESTE MUNDINHO DE DEUS
QUASE TODO MUNDO ORA,
POVOS DE TODAS AS TERRAS
FAZEM PRECE A TODA HORA!

NÃO IMPORTA A RELIGIÃO,
SENTADO, AJOELHADO, EM PÉ...
O QUE IMPORTA É TER SEMPRE
UM PEDACINHO DE FÉ!

NÃO IMPORTA SE ACREDITO
EM CRISTO, BUDA, MAOMÉ,
EM KARDEC OU ORIXÁS,
BOM É TER ALGUMA FÉ!

SÓ É PRECISO SABER
ORAR COM SINCERIDADE,
PEDINDO A DEUS COISAS CERTAS
E CRENDO EM SUA BONDADE.

DESCOBRINDO QUEM É QUEM...

- A POESIA FALA DE VÁRIOS PERSONAGENS IMPORTANTES NAS RELIGIÕES. MIRELA E SEUS AMIGOS FORAM PROCURAR SABER QUEM ERA QUEM. MAS DE UMA COISA A TURMINHA TINHA CERTEZA: TODOS MERECEM RESPEITO.

CRISTO: DE CRISTO, NÓS JÁ VIMOS A VIDA. É OUTRO NOME DE JESUS. FOI QUEM ENSINOU A AMAR AO PRÓXIMO COMO A SI MESMO. E ELE AMOU DEMAIS.

BUDA: JÁ CONHECEMOS TAMBÉM. FOI O PRÍNCIPE QUE DEIXOU TODAS AS SUAS RIQUEZAS PARA AJUDAR O POVO A SE LIVRAR DO SOFRIMENTO.

KARDEC: É O FUNDADOR DO ESPIRITISMO. FOI UM EDUCADOR FRANCÊS QUE DESCOBRIU QUE OS ESPÍRITOS PODIAM SE COMUNICAR. FEZ MUITAS ENTREVISTAS COM ELES, PARA SABER COMO É A VIDA DO OUTRO LADO.

ORIXÁS: SÃO OS DEUSES DA RELIGIÃO AFRICANA. ELES AJUDARAM A FORMAR TUDO O QUE EXISTE, CUIDAM DA NATUREZA, OLHAM PELOS HOMENS. APARECEM PARA OS SEGUIDORES NOS TERREIROS DE CANDOMBLÉ.

MAOMÉ: FOI O PROFETA DA RELIGIÃO ISLÂMICA. É CHAMADO DE PROFETA PORQUE RECEBEU AS PALAVRAS DE DEUS ATRAVÉS DE UM ANJO. FOI ELE QUEM DITOU O *ALCORÃO*, O LIVRO SAGRADO DO ISLAMISMO.

ORANDO JUNTOS

VOCÊ SABIA QUE HÁ GENTE NO MUNDO QUE BRIGA PORQUE O OUTRO SEGUE UMA RELIGIÃO DIFERENTE? QUE COISA MAIS BOBA, MAIS SEM MOTIVO, NÃO É? O QUE É QUE TEM DE ERRADO EM EU ACREDITAR DE UM JEITO E O MEU AMIGO ACREDITAR DE OUTRO? O QUE É QUE TEM DE ERRADO EM EU ORAR AJOELHADO NA IGREJA E O OUTRO ORAR SENTADO NA SUA CAMA? SERÁ QUE DEUS É TÃO CHATO QUE VAI SE INCOMODAR COM ESSAS COISAS? É CLARO QUE NÃO! ELE AMA TODOS OS SEUS FILHOS E ACEITA QUALQUER ORAÇÃO!

VAMOS CONVERSAR!

NA SUA CLASSE EXISTEM CRIANÇAS DE RELIGIÕES DIFERENTES E PODE ATÉ TER CRIANÇAS SEM RELIGIÃO. PENSE NISSO E RESPONDA:

- VOCÊS RESPEITAM A RELIGIÃO UNS DOS OUTROS?
- JÁ QUISERAM SABER COMO A RELIGIÃO DO SEU AMIGO É?
- VOCÊ GOSTARIA DE FALAR UM POUCO SOBRE A SUA?
- QUEM NÃO TIVER RELIGIÃO TEM TODO O DIREITO DE NÃO TER. SE QUISER, PODE DIZER SE ALGUM DIA PRETENDE TER OU NÃO E POR QUÊ.

VOCÊ PODE...

- ... FAZER UMA ORAÇÃO EM CLASSE, EM CONJUNTO COM SEUS AMIGOS. CADA UM PODE ORAR DO JEITO QUE QUISER E UM NÃO DEVE RIR DA PRECE DO OUTRO. SE VOCÊ NÃO QUISER ORAR EM VOZ ALTA, PODE REZAR QUIETINHO, SÓ PARA VOCÊ. E QUEM NÃO QUISER, NÃO DEVE SER OBRIGADO.

PINTE O SETE!

▶ SE VOCÊ FOSSE FAZER UM DESENHO PARA OFERECER A DEUS, O QUE FARIA?

TANTOS JEITOS DE ORAR

6

SABE DE UMA COISA, TURMA? TENHO CURIOSIDADE DE SABER COMO AS PESSOAS DE TODAS AS RELIGIÕES ORAM!
SERÁ QUE TEM MUITA DIFERENÇA?
JÁ PENSOU SE A GENTE PUDESSE OUVIR DE REPENTE TODAS AS PESSOAS DO MUNDO REZANDO?

EM SETE MIL LÍNGUAS!
EXISTEM SETE MIL LÍNGUAS NO MUNDO?
ISSO MESMO! EM MAIS DE DUZENTOS PAÍSES.

POESIA PARA ORAR COMO QUISER

ORAR TODO MUNDO PODE,
MAS CADA QUAL TEM SEU JEITO:
NÃO HÁ JEITO ERRADO OU CERTO,
MAS É MELHOR SER DO PEITO!

TEM GENTE QUE ORA DANÇANDO...
NOSSO ÍNDIO BATE O PÉ!
DANÇAM E CANTAM TAMBÉM
OS IRMÃOS DO CANDOMBLÉ.

CANTAR A DEUS É COMUM,
CANTOS DE TODOS OS TONS.
CATÓLICOS E EVANGÉLICOS
CANTAM CÂNTICOS DOS BONS!

O HINDU FAZ A SUA REZA
SENTADO, PERNAS CRUZADAS.
O MUÇULMANO EM VOZ ALTA,
AS MÃOS NO CHÃO ESPALMADAS.

O ESPÍRITA SÓ ORA
EM PALAVRA E EM PENSAMENTO...
E ENTRE TODOS OS FALADOS
O IMPORTANTE É O SENTIMENTO!

CATÓLICO REZA O TERÇO,
CADA CONTA É UMA PRECE...
ESPÍRITA FECHA OS OLHOS
SE UMA ORAÇÃO OFERECE...

O ISLÂMICO QUANDO REZA
DEVE A MECA SE VIRAR...
E NA UMBANDA E CANDOMBLÉ,
PODE-SE BEM BATUCAR!

OS AMIGOS EVANGÉLICOS
LOUVAM EM PÉ AO SENHOR!
QUANTA REZA DIFERENTE!
TUDO ISSO É FÉ E AMOR!

O PESSOAL DA ESCOLA DA TIA SOFIA ACHOU MUITO INTERESSANTES TODAS ESSAS MANEIRAS DE REZAR. E ELES FORAM VER NA BÍBLIA SE JESUS TINHA DADO ALGUM CONSELHO SOBRE COMO DEVEMOS ORAR. E ELE DEU SIM.

"QUANDO VOCÊS ORAREM, NÃO SEJAM EXIBIDOS. NÃO OREM PARA MOSTRAR ÀS OUTRAS PESSOAS QUE SÃO BONZINHOS E TÊM FÉ EM DEUS. NÃO SAIAM POR AÍ, ORANDO EM ALTAS VOZES, PARA TODO MUNDO VER.

MAS TRANQUEM-SE NO QUARTO, EM SEGREDO, E CONVERSEM COM DEUS BAIXINHO. ELE JÁ SABE DE TUDO O QUE VOCÊS PRECISAM, ANTES DE VOCÊS PEDIREM."

(TRADUÇÃO ECUMÊNICA DA *BÍBLIA*. MATEUS, 6: 5-8, ADAPTADO PARA FINS DIDÁTICOS.)

AS CRIANÇAS TAMBÉM OLHARAM NO LIVRO SAGRADO DOS HINDUS, O BHAGAVAD-GITA, E VIRAM O QUE DEUS DISSE A ARJUNA, O GUERREIRO:

"AS PESSOAS ÀS VEZES ADORAM DEUSES E IMAGENS E DIFERENTES FORMAS DE DEUS. MAS NO FUNDO, SEM SABEREM, ESTÃO SEMPRE ORANDO PARA MIM, O DEUS VERDADEIRO. EU ACEITO A ORAÇÃO DE TODOS, TODOS SERÃO AJUDADOS POR MEU AMOR."

(*BHAGAVAD-GITA*. CAP. VII: 21, ADAPTADO PARA FINS DIDÁTICOS.)

UMA HISTÓRIA PARECIDA COM O QUE JESUS ENSINOU

OLHEM SÓ A HISTÓRIA DE ORAÇÃO QUE AS CRIANÇAS ENCONTRARAM. NOSSA SENHORA É MARIA, MÃE DE JESUS.

A MAIS BELA FLOR

NO CANTO MAIS ENFEITADO DA IGREJA, FICAVA UMA ESPLÊNDIDA IMAGEM DA VIRGEM MARIA. NOSSA SENHORA TINHA UM MANTO COR DO CÉU E SEU ROSTO ERA DOCE, COMO SE TUDO COMPREENDESSE SOBRE A ALMA DE SEUS FILHOS NA TERRA.

REPARE, OLHE SÓ! AQUELA SENHORA QUE ACABA DE SE RETIRAR DEIXOU UM PRESENTE MAGNÍFICO AOS PÉS DE NOSSA SENHORA: MUITO BEM ARRUMADO NUM LINDO JARRO, UM MAÇO DE FLORES. O MAIS PRECIOSO E CARO QUE O DINHEIRO PODERIA TRAZER. E MARIA SORRIA, OLHANDO AS FLORES.

UM SORRISO ASSIM TÃO DOCE SÓ PODE ANIMAR O ORGULHO DAS FLORES. E LOGO, UMA E OUTRA PUSERAM-SE A CONVERSAR. DIZIA A ROSA:

— NOSSA SENHORA ESTÁ SORRINDO ASSIM PORQUE ME VIU. CLARO QUE EU SEREI A SUA PREDILETA. SOU A MAIS PERFUMADA DAS FLORES, MEU PERFUME É A MELHOR HOMENAGEM PARA UMA SANTA TÃO FORMOSA.

O CRAVO FEZ UMA CARETA:

— IMAGINE! DE QUE VALE SEU PERFUME, COMPARADO COM A GRAÇA DAS MINHAS PÉTALAS, COM A MINHA SUAVIDADE? NOSSA SENHORA VAI ME ACHAR A FLOR MAIS LINDA!

A MARGARIDA NÃO IA DEIXAR AS COISAS ASSIM:

— A MAIS BELA É CLARO QUE SOU EU! NÃO SOU UMA FLOR COROADA, COM MINHAS PÉTALAS PARECENDO A COROA DE NOSSA SENHORA? SOU EU QUE MEREÇO A PREFERÊNCIA DA SANTA!

E BEM QUE IRIAM FICAR LÁ, A TARDE TODA, NESSE BATE-PAPO FLORIDO, SE NÃO ENTRASSE NA IGREJA VAZIA UMA MENININHA. VINHA TÃO ENVERGONHADA, PELO

VISTO NÃO TINHA O HÁBITO DE FREQUENTAR UMA IGREJA DAQUELAS. ANDOU AQUI E ALI, PÉS DESCALÇOS. ACABOU SEGUINDO ATÉ O ALTAR ONDE FICAVA NOSSA SENHORA E SE AJOELHOU:

— MINHA SANTA QUERIDA, DESCULPE EU VIR DESSE JEITO. MAS SOU POBRE E TODOS DIZEM QUE A SENHORA É TÃO FORTE E PODEROSA... MAMÃE ESTÁ DOENTE, ESTOU TÃO PREOCUPADA. SERÁ QUE A SENHORA OUVE A MINHA ORAÇÃO?

E LÁ FICOU A PEQUENA, REZANDO EM SILÊNCIO, ATRAPALHANDO O BATE-PAPO DAS FLORES. E BEM QUE HOUVE LÁ UMA DÁLIA QUE ACHOU AS PÉTALAS DA TAL MENINA MUITO DESPENTEADAS.

REZOU E REZOU A MENINA, COM FERVOR. AO FINAL, DISSE:

— QUE FLORES LINDAS TROUXERAM PARA A SENHORA! AH, SE EU PUDESSE, EU LHE TRARIA NEM QUE FOSSE UM SÓ BOTÃO.

NESSA HORA, A ESTÁTUA QUE OLHAVA AS FLORES TAMBÉM PÔDE SORRIR PARA A GAROTINHA. E, CALANDO DE VEZ AS EXIBIDAS FLORES, A SANTA RESPONDEU:

— OH MENINA, ENTRE TODAS AS FLORES DA TERRA, É VOCÊ A MAIS BELA!

E ACARICIOU SUAVEMENTE OS CABELOS DA MENINA QUE REZAVA.

(TEXTO DE MÁRCIA KUPSTAS, EXTRAÍDO DE *O LIVRO DOS BONS SENTIMENTOS*. RIO DE JANEIRO: EDIOURO, 2002.)

VAMOS CONVERSAR!

PENSE NISSO E RESPONDA:

- O QUE HÁ DE PARECIDO ENTRE ESSA HISTÓRIA E O CONSELHO DE JESUS?
- O QUE AS FLORES TÊM DE RUIM E O QUE A MENINA TEM DE BOM?

CANTE COM A GENTE!

ESTA MÚSICA É UM *SPIRITUAL*, CANTADO POR NEGROS NORTE-AMERICANOS. É UMA MÚSICA EVANGÉLICA, QUE FALA DO NASCIMENTO DE JESUS.

MARY HAD A BABY, OH LORD,
(MARIA TEVE UM BEBÊ, OH, SENHOR.)
MARY HAD A BABY, OH MY LORD,
(MARIA TEVE UM BEBÊ, OH, MEU SENHOR.)
MARY HAD A BABY, OH LORD,
(MARIA TEVE UM BEBÊ, OH, SENHOR.)

PEOPLE KEEP A-COMIN' AN' THE TRAIN DONE GONE.
(PESSOAS ESTÃO CHEGANDO E O TREM ESTÁ PARTINDO.)
WHAT DID SHE NAME HIM? OH LORD,
(QUE NOME ELA DEU A ELE, OH, SENHOR?)
WHAT DID SHE NAME HIM? OH MY LORD,
(QUE NOME ELA DEU A ELE, OH, MEU SENHOR?)
WHAT DID SHE NAME HIM? OH LORD,
(QUE NOME ELA DEU A ELE, OH, SENHOR?)
PEOPLE KEEP A-COMIN' AN' THE TRAIN DONE GONE.
(PESSOAS ESTÃO CHEGANDO E O TREM ESTÁ PARTINDO.)

SHE NAMED HIM JESUS, OH LORD,
ELA O CHAMOU DE JESUS, OH, SENHOR.)

SHE NAMED HIM JESUS, OH MY LORD,
(ELA O CHAMOU DE JESUS, OH, MEU SENHOR.)

SHE NAMED HIM JESUS, OH LORD,
(ELA O CHAMOU DE JESUS, OH, SENHOR.)

PEOPLE KEEP A-COMIN' AN' THE TRAIN DONE GONE.
(PESSOAS ESTÃO CHEGANDO E O TREM ESTÁ PARTINDO.)

NOW WHERE WAS HE BORN? OH LORD,
(E ENTÃO ONDE ELE NASCEU, OH, SENHOR?)

WHERE WAS HE BORN? OH MY LORD,
(ONDE ELE NASCEU, OH, MEU SENHOR?)

WHERE WAS HE BORN? OH LORD,
(ONDE ELE NASCEU, OH, SENHOR?)

PEOPLE KEEP A-COMIN' AN' THE TRAIN DONE GONE.
(PESSOAS ESTÃO CHEGANDO E O TREM ESTÁ PARTINDO.)

BORN IN A STABLE, OH LORD,
(NASCEU NUM ESTÁBULO, OH, SENHOR.)

BORN IN A STABLE, OH MY LORD,
(NASCEU NUM ESTÁBULO, OH, MEU SENHOR.)

BORN IN A STABLE, OH LORD,
(NASCEU NUM ESTÁBULO, OH, SENHOR.)

PEOPLE KEEP A-COMIN' AN' THE TRAIN DONE GONE.
(PESSOAS ESTÃO CHEGANDO E O TREM ESTÁ PARTINDO.)

(AUTOR ANÔNIMO.)

PINTE O SETE!

▶ MONTE O QUEBRA-CABEÇA COM AS PEÇAS QUE SE ENCONTRAM NO FINAL DO LIVRO! NELE, VOCÊ VAI VER PESSOAS DE DIFERENTES RELIGIÕES REZANDO.

MUDAR O MUNDO

7

SABE, GENTE, ACHO QUE SER BOM E AMAR A DEUS É TAMBÉM MUDAR ESSE MUNDO!
ESSE MUNDO TEM MUITA COISA ERRADA!
MUITA COISA PRA GENTE MUDAR!

É VERDADE! QUANTO PROBLEMA PRA RESOLVER!
E QUANTAS COISAS BOAS PODEMOS FAZER!
ACHO QUE VAMOS TER MUITO TRABALHO NA VIDA!

DOIS GRANDES PROBLEMAS NO MUNDO

DOIS DOS MAIORES PROBLEMAS QUE EXISTEM NO MUNDO SÃO A FOME E A GUERRA. MAIS DE 800 MILHÕES DE PESSOAS SÃO ATINGIDAS ATUALMENTE PELA FOME. E NOS ÚLTIMOS CEM ANOS MORRERAM APROXIMADAMENTE 100 MILHÕES DE PESSOAS EM GUERRAS NO MUNDO!

POESIA DA FOME

VOCÊ SABIA QUE A TERRA
DÁ ALIMENTO EM QUANTIDADE,
QUE PODE MATAR A FOME
DESSA NOSSA HUMANIDADE?

MAS VOCÊ SABE TAMBÉM
QUE HÁ MILHÕES QUE NÃO TÊM NADA?...
NA ÁFRICA E NO ORIENTE
MORRE GENTE ESFOMEADA!

ENQUANTO OS PAÍSES RICOS
TÊM GORDINHOS AOS MILHÕES,
EM PAÍSES QUE SÃO POBRES
FICAM FRACAS MULTIDÕES!

E POR QUE ISSO ACONTECE?,
VOCÊ PODE PERGUNTAR!
PORQUE AS PESSOAS NÃO SABEM
DIVIDIR E PARTILHAR!

POESIA DA GUERRA

VOCÊ SABIA QUE A GUERRA
MATA MILHÕES TODO DIA
E ARRANCA DE MÃES E FILHOS
A VIDA E TODA ALEGRIA?

QUE COISA CHATA E SEM JEITO
UM POVO O OUTRO MATAR,
POR DINHEIRO OU POR INVEJA
E PARA PODER MANDAR.

TIRAR A VIDA DE ALGUÉM?
QUE COISA MAIS SEM RAZÃO!
SÓ POR PENSAR DIFERENTE
OU TER OUTRA RELIGIÃO!

VAMOS ACABAR COM ISSO!
GUERRA E ARMAS NUNCA MAIS!
VAMOS MUDAR ESSE MUNDO!
VAMOS SEMEAR A PAZ!

HOMENS E MULHERES DE PAZ

EXISTE UM PRÊMIO NO MUNDO PARA AS PESSOAS OU GRUPOS QUE LUTAM PELA PAZ: É O PRÊMIO *NOBEL DA PAZ*. MUITA GENTE MARAVILHOSA JÁ GANHOU ESSE PRÊMIO, ENTREGUE DESDE 1901. POR EXEMPLO, DOIS NOSSOS CONHECIDOS: ALBERT SCHWEITZER (1952) E MARTIN LUTHER KING (1964). OUTRO EXEMPLO: MADRE TERESA DE CALCUTÁ (1979), QUE AJUDOU OS QUE PASSAVAM FOME NA ÍNDIA.

MAS MUITA GENTE QUE TRABALHOU PELA PAZ NÃO GANHOU PRÊMIO NENHUM: GENTE FAMOSA E GENTE DESCONHECIDA. ENTRE OS MAIS IMPORTANTES DO SÉCULO XX ESTÁ O NOME DE GANDHI.

GANDHI FOI UM INDIANO QUE LUTOU PELA PAZ EM SEU PAÍS E NO MUNDO. A ÍNDIA ESTAVA SOB O CONTROLE DOS INGLESES E GANDHI QUIS LIBERTÁ-LA. MAS FEZ ISSO SEM GUERRA, SEM VIOLÊNCIA, APENAS COM A FORÇA DO AMOR.

VAMOS CONVERSAR!

PENSE NISSO E RESPONDA:

- O QUE VOCÊ ACHA QUE AS PESSOAS PODERIAM FAZER PARA HAVER FARTURA EM VEZ DE FOME?
- O QUE VOCÊ ACHA QUE AS PESSOAS PODERIAM FAZER PARA HAVER PAZ EM VEZ DE GUERRA?

ESCREVA AQUI!

- COPIE AQUI TUDO O QUE VOCÊS CONVERSARAM SOBRE O QUE FAZER PARA ACABAR COM A FOME E AS GUERRAS NO MUNDO!

PINTE O SETE!

▸ REÚNAM-SE EM GRUPO E FAÇAM UM CARTAZ COM O TÍTULO: UM MUNDO SEM GUERRA E SEM FOME. VOCÊS PODEM PINTAR, COLAR, FAZER POESIA OU ESCREVER UM TEXTO – TUDO O QUE A SUA CRIATIVIDADE MANDAR!

PEQUENA ORAÇÃO

PARA VOCÊ ORAR, SE QUISER:

QUE NOSSO PLANETA AZUL
SEJA UM PLANETA DE AMOR,
E QUE EU SEJA UMA PESSOINHA
CAPAZ DE MUDAR PELO MENOS UM POUCO
AS COISAS ERRADAS DESTE MUNDO!

CUIDAR DO MUNDO

8

FALAMOS SOBRE AS COISAS ERRADAS QUE ACONTECEM NO MUNDO, MAS NÃO FALAMOS DA NATUREZA!
É MESMO! ISSO É MUITO IMPORTANTE!
A NATUREZA É NOSSA MÃE!

VIDROS
PAPÉIS
METAIS
PLÁSTICOS
A GENTE MALTRATA MUITO ESSA MÃEZINHA TÃO LINDA!
É PRECISO CUIDAR DELA, PORQUE NATUREZA TAMBÉM É VIDA!
CHO BOM FALARMOS SOBRE ISSO!

TUDO COMEÇA EM CASA!

EU TRATO BEM OS ANIMAIS?

EU CUIDO DO LIXO DA MINHA CASA?

EU TRATO BEM AS PLANTINHAS?

VEJAM SÓ UMA POESIAZINHA QUE FALA DE UMA VIDA TRISTE:

POESIA TRISTE DE UM PASSARINHO PRESO

PASSARINHO NA GAIOLA
CANTA TRISTE, TRISTEZINHO,
NÃO VOA MAIS PELO CÉU
E NÃO TEM MAIS O SEU NINHO!

COISA FEIA PRENDER PÁSSARO!
POIS, SE DEUS LHE DEU ASINHA,
FOI PARA ELE TER LIBERDADE
E NÃO CANTAR NA COZINHA!

O PROBLEMA DO LIXO

UM DOS GRANDES PROBLEMAS DO MUNDO É ONDE COLOCAR TANTO LIXO QUE OS SERES HUMANOS PRODUZEM! SÓ A CIDADE DE SÃO PAULO, POR EXEMPLO, FAZ 12 MIL TONELADAS POR DIA DE LIXO (UMA TONELADA CORRESPONDE A MIL QUILOS, OU SEJA, A MIL PACOTES DE AÇÚCAR DE UM QUILO). VEJA A POESIA SOBRE ESSE ASSUNTO QUE A TURMA DE MIRELA LEU:

POESIA DO LIXO

VOCÊ SABIA QUE O LIXO
AUMENTA TANTO NO MUNDO
QUE A GENTE JÁ ESTÁ VIVENDO
NUM PLANETA BEM IMUNDO?

É QUE OS HOMENS FAZEM COISAS
COISAS, COISAS MATERIAIS,
COISAS SEM NECESSIDADE,
QUE NÃO SE DESMANCHAM MAIS.

PNEUS, PLÁSTICOS, LATINHAS
SE AMONTOAM AOS BILHÕES,
SUFOCANDO A TERRA E O MAR.
ENFEANDO OS CORAÇÕES...

VOCÊ PODE SER ALGUÉM
QUE DA NATUREZA TRATA!
NÃO COMPRE TANTA BOBAGEM!
GOSTE MAIS DE FLOR QUE LATA!

NÃO QUEIRA TANTO DINHEIRO,
QUE ALGUM DIA VIRA LIXO!
MAIS BONITO É TER UM MUNDO
COM VERDE, COM FLOR, COM BICHO!

O LIXO PODE DEIXAR DE SER LIXO

A PALAVRA MÁGICA QUE PODE AJUDAR O MUNDO A NÃO FICAR TÃO SUJO É **RECICLAGEM**. **RECICLAR** SIGNIFICA "APROVEITAR O LIXO PARA FAZER COISAS NOVAS"! É UM PROCESSO BOM, BARATO E QUE ACABA COM A SUJEIRA. PARA ISSO, É PRECISO SEPARAR O LIXO – POIS CADA COISA VAI SER REAPROVEITADA DE UM JEITO.

• O LIXO ORGÂNICO É O LIXO DA NATUREZA, COMO CASCAS DE FRUTAS E RESTOS DE COMIDA. ELE PODE VOLTAR PARA A TERRA E VIRAR ADUBO, COM O QUAL SE FERTILIZAM AS PLANTAS.

• GARRAFA DE PLÁSTICO PODE SE TRANSFORMAR EM TAPETES, ESCOVAS, TECIDOS...

• GARRAFA DE VIDRO PODE SER REUTILIZADA PARA A FABRICAÇÃO DE OUTRAS GARRAFAS.

• PAPEL USADO PODE VIRAR PAPEL NOVO.

• PNEUS PODEM SER USADOS PARA FAZER TAPETES DE CARRO E SOLA DE SAPATO.

• LATAS PODEM VIRAR BICICLETAS.

COMO SE FAZ TUDO ISSO? SEPARANDO O LIXO E DEPOIS TRABALHANDO MUITO PARA REAPROVEITÁ-LO E TRANSFORMÁ-LO EM ALGO ÚTIL.

Blá!! Blá!! VAMOS CONVERSAR!

PENSE NISSO E RESPONDA:

O QUE VOCÊ PODE FAZER NA SUA CASA PARA AJUDAR O PLANETA A FICAR MAIS LIMPO?

O QUE TODAS AS PESSOAS DO MUNDO PODEM FAZER?

VOCÊ PODE...

- ... FAZER BRINQUEDOS COM MATERIAL RECICLADO! QUER EXPERIMENTAR?

FLAUTA DE PAPELÃO

MATERIAL

- 1 TUBO GRANDE DE PAPELÃO (PODE SER O TUBO VAZIO DE PAPEL-ALUMÍNIO OU O TUBO DE FILME DE PVC DE EMBRULHAR COMIDA)
- 1 PEDAÇO DE PAPEL VEGETAL
- ELÁSTICO OU FITA ADESIVA

MODO DE FAZER

- FURE O TUBO COM LÁPIS OU RECORTE OS FUROS.
- PRENDA O PEDAÇO DE PAPEL VEGETAL EM UMA DAS EXTREMIDADES COM ELÁSTICO OU FITA ADESIVA.
- TOQUE A FLAUTA SOPRANDO PELO LADO QUE FICOU ABERTO E FECHANDO E ABRINDO OS FUROS COM OS DEDOS.

VIOLÃO DE CAIXA DE SAPATO

MATERIAL

- 1 CAIXA DE SAPATOS
- 6 ELÁSTICOS
- FITA ADESIVA

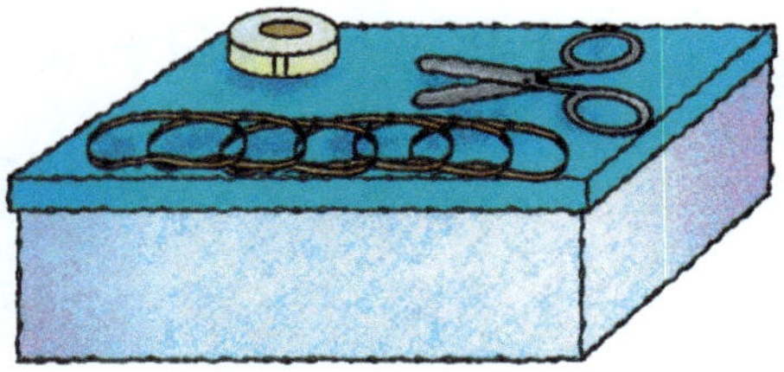

MODO DE FAZER

- RECORTE UMA ABERTURA NA TAMPA DA CAIXA DE SAPATOS.
- PRENDA A TAMPA COM FITA ADESIVA.
- COLOQUE OS 6 ELÁSTICOS NO CENTRO DA CAIXA, SOBRE O BURACO, CONFORME A FIGURA ABAIXO E DIVIRTA-SE!

PEQUENA ORAÇÃO

QUE EU ME TORNE
UM PEQUENO PROTETOR DA NATUREZA!
QUE OS BICHOS SEJAM FELIZES
E AS FLORES FIQUEM SORRINDO!
E QUE TUDO SEJA BONITO
NESTE PLANETA AZULZINHO!

UM MUNDO MELHOR

9

ESTOU BEM ANIMADA COM TANTA COISA A FAZER!
VAMOS COMEÇAR AGORA, VAMOS COLABORAR!
PRIMEIRO, VAMOS SONHAR COM UM MUNDO DIFERENTE!

DEPOIS, VAMOS AGIR, PARA AS COISAS MUDAREM!
E VAMOS TER MUITA PACIÊNCIA, PORQUE TUDO DEMORA PARA MELHORAR!
MAS UM DIA A GENTE VAI VER UM MUNDO BEM MELHOR!

A TURMA DA ESCOLA DA TIA SOFIA LEU UMA POESIA PARA SONHAR COM UM MUNDO BOM.

POESIA DO MUNDO MELHOR

O MUNDO QUE EU SONHO TER
É UM MUNDO CHEIO DE PAZ,
ONDE AS PESSOAS SE CUIDEM
SE RESPEITEM, SE AMEM MAIS!

UM MUNDO CHEIO DE FLORES,
CHEIO DE BICHOS LIBERTOS,
TODAS AS CRIANÇAS LIVRES
E DE CORAÇÕES ABERTOS!

UM MUNDO DE ESCOLAS BELAS
PARA TODAS AS CRIANÇAS,
UM MUNDO CHEIO DE MÚSICAS,
DE CORES, LUZES E DANÇAS!

NINGUÉM MAIS PASSANDO FOME,
NINGUÉM MAIS SOFRENDO GUERRA,
OS POVOS LIVRES, FELIZES,
VIVENDO EM PAZ SOBRE A TERRA!

COMO É BOM PODER SONHAR!
COMO É BOM PODER FAZER!
TENHO UMA VIDA INTEIRINHA
PRA AJUDAR A ACONTECER!

UMA HISTÓRIA QUE JESUS CONTOU

A TURMA DE MIRELA RESOLVEU LER UMA HISTÓRIA QUE JESUS CONTOU:

UM SEMEADOR SAIU PARA SEMEAR AS SUAS SEMENTES. ENQUANTO SEMEAVA, UMA PARTE CAIU E FOI PISADA E OS PÁSSAROS A COMERAM. OUTRA PARTE CAIU NA PEDRA, COMEÇOU A BROTAR, MAS SECOU POR FALTA DE TERRA. OUTRA PARTE CAIU NO MEIO DOS ESPINHOS. COMEÇOU A CRESCER, MAS DEPOIS OS ESPINHOS SUFOCARAM AS SEMENTES. MAS UMA BOA PARTE CAIU NUMA TERRA BOA, E AS SEMENTES BROTARAM E DERAM ÁRVORES, FLORES E FRUTOS!

NÓS PODEMOS SER SEMEADORES DE BOAS SEMENTES. SEMENTES DE PAZ, SEMENTES DE AMOR, SEMENTES DO BEM. ALGUMAS VÃO SER PISADAS, OUTRAS ROUBADAS. ALGUMAS PODEM NÃO DAR CERTO. MAS, SE CONTINUARMOS SEMEANDO, SEM DESANIMAR, MUITAS SEMENTES BOAS VÃO BROTAR!

CANTE COM A GENTE!

É TEMPO!

PLANTAR UMA SEMENTE,
SEMENTE QUE SE SENTE,
CRIANÇAS FLORESCENDO
NA ESCOLA DO PRESENTE.

DESABROCHAR NAS ALMAS
A FLOR DA DIVINDADE,
O FRUTO DA BONDADE,
DE AMOR E LIBERDADE!

PLANTAR UMA SEMENTE, É TEMPO!
FAZER O PRESENTE, É TEMPO!
GANHAR O FUTURO, É TEMPO!
COM FORÇA E BUSCA, É TEMPO!

VIVER O SABER, É TEMPO!
LIBERTAR O SER, É TEMPO!
LIBERTE A CRIANÇA, É TEMPO!
SE É TEMPO DE LUZ, SE O SABER É LUZ,
BRILHE, PRA QUEM EM TI CHEGAR!

(MÚSICA E LETRA: DORA INCONTRI E MOACIR CAMARGO.)

VOCÊ PODE...

- .... FAZER UM PEQUENO PROJETO COM O TEMA:

"COMO MELHORAR A MINHA ESCOLA!".

- SIGA ESTES PASSOS PARA O SEU PROJETO:

1. REÚNA-SE COM UM GRUPO DE COLEGAS DA SALA E DISCUTA O QUE, NA OPINIÃO DE VOCÊS, PODERIA SER MELHORADO NA ESCOLA.
2. DE QUE MODO VOCÊS PODERIAM AGIR PARA QUE HOUVESSE MELHORIAS? FAZENDO UMA CAMPANHA, FALANDO COM AS PESSOAS, ESPALHANDO CARTAZES...? DÊ IDEIAS.
3. DEPOIS, PARTA PARA A AÇÃO.

PEQUENA ORAÇÃO

QUE EU POSSA SEMEAR COISAS BELAS NO MUNDO!

TER PACIÊNCIA PARA ESPERAR OS FRUTOS,

SONHANDO SEMPRE COM UM MUNDO MELHOR!

DIZENDO ATÉ LOGO!

10

OI, GENTE! EU VIM PARTICIPAR DA DESPEDIDA! AFINAL, NOSSA ESCOLA VAI APARECER EM UM LIVRO! E ISSO É MUITO LEGAL!
OI, TIA SOFIA! QUE BOM QUE VOCÊ VEIO! VAMOS FAZER UMA FESTA!
VAMOS COMEMORAR A AMIZADE DA TURMA!

E TAMBÉM A LIBERDADE QUE A GENTE TEM PARA APRENDER O QUE QUISER EM NOSSA ESCOLA!
AMIZADE E LIBERDADE REALMENTE COMBINAM!
OS PROFESSORES TAMBÉM SÃO NOSSOS AMIGOS, COMO VOCÊ, TIA SOFIA!
ME DÁ ATÉ VONTADE DE FAZER UMA POESIA!

E FOI MUHAMED QUEM FEZ ESTA POESIA DA AMIZADE NA ESCOLA:

POESIA DA AMIZADE

A ESCOLA É UM LUGAR BOM
PARA APRENDER E CRESCER,
MAS É TAMBÉM UM JARDIM
DE AMIGOS PARA COLHER!

VIVER JUNTO, CRESCER JUNTO,
E ATÉ BRIGAR UM POUQUINHO...
TUDO ISSO É MUITO BOM
SE TUDO ACABA EM CARINHO!

VAMOS LEVAR PARA A VIDA
A SEMENTE DA AMIZADE,
E VAMOS SEMPRE TORCER
PARA ENCONTRAR SÓ BONDADE!

ESTE LIVRO SE ACABOU
MAS OUTROS LOGO VIRÃO...
COM A NOSSA TURMA BOA
AMIGOS DE CORAÇÃO!

PINTE O SETE!

▶ APROVEITE ESTE ESPAÇO PARA DESENHAR A SUA ESCOLA E SEUS AMIGOS DO CORAÇÃO!

ESCREVA AQUI!

- DO QUE VOCÊ MAIS GOSTOU NESTE LIVRO? JÁ PENSOU? ENTÃO REGISTRE AQUI COM PALAVRAS, O QUE VOCÊ QUISER...

PEQUENA ORAÇÃO

OBRIGADO, QUERIDO DEUS!
PELOS AMIGOS, PELA FAMÍLIA,
PELA VIDA, PELO PLANETA AZUL!
POR ESTE LIVRO LEGAL,
POR TUDO DE BOM QUE EU TENHO!
FICA AQUI COM A GENTE!
PARA TERMOS FELICIDADE E PAZ!